Mandala Kleurboek

Voor volwassenen

Getekend door Margriet Bossink

D1665500

© Plus Passie

Voor toestemming, verzoek om informatie of andere vragen, kunt u contact opnemen met:

E-mail: info@pluspassie.nl

Website: https://pluspassie.nl

40 Mandala Kleurboek Voor Volwassenen deel 3
ISBN: 9789083354521

In de serie Kleurboeken van Plus Passie zijn uitgekomen:
- 40 Mandala Kleurboek Voor Volwassenen deel 1, 9789083354507
- 40 Mandala Kleurboek Voor Volwassenen deel 2, 9789083354514
- 40 Mandala Kleurboek Voor Volwassenen deel 3, 9789083354521

Bedankt!

Inderdaad, bedankt dat je dit kleurboek hebt gekozen om je creatieve reis te beginnen. Geniet van prachtige mandala's die wachten om door jou tot leven te worden gebracht. Ik heb ze met heel veel liefde voor je getekend.

Gebruik van markers en waterhoudende verf

Als je ervoor kiest om markers te gebruiken of waterhoudende verf, zoals aquarel, is een extra vel papier tussen de bladzijden een goed idee. Dit helpt om eventueel doorlekken naar de volgende pagina's te voorkomen en zorgt ervoor dat je kleurboek in optimale staat blijft.

Wees voorzichtig bij het gebruik van waterhoudende verf omdat overmatig watergebruik het papier kan doen kreukelen.

Ontspan en geniet!

Ik hoop dat dit kleurboek je inspireert, ontspant en plezier brengt. Laat je verbeelding de vrije loop en creëer prachtige kunstwerken waar je trots op kunt zijn.

Heel veel plezier met dit kleurboek. Wellicht ga ik nog meer Mandala kleurboeken maken. Vraag je boekhandel er naar, ze kunnen ze bij ons bestellen!

Printed in France by Amazon
Brétigny-sur-Orge, FR

20802632R00051